AF341926

CAPTIVITÉ
DE CHARLES V.

Les Royalistes espagnols à l'Europe.

Que tous les royalistes espagnols et tous les amis de l'ancien ordre de choses dans la Péninsule, voient en Charles V, non seulement l'héritier légitime de la couronne d'Espagne, mais encore comme la personnification des principes religieux et monarchiques ; c'est une vérité connue, incontestable, avouée par tous les partis politiques ; et voilà pourquoi les ennemis de ce prince, c'est à dire tous ceux qui étaient entrés dans le projet de révolutionner l'Espagne en renversant son ancienne constitution, détruisant sa législation respectable, attaquant sa religion sainte et ses pieuses coutumes ; voilà, dis-je, pourquoi ces hommes, voyant un obstacle immense à leur projet sacrilége dans les vertus et les qualités de Charles V, et dans l'estime profonde qu'avaient pour lui les populations, résolurent de se défaire à tout prix de sa personne, ou du moins de le perdre dans l'esprit des masses. A leur avis, avec les sympathies du peuple on lui enlevait la mine inépuisable qui lui fournissait des soldats et des fonds.

Aujourd'hui personne ne peut nier que ce fut l'arrêt porté contre Charles V, par ses ennemis, ceux de la religion et de la patrie. Il y eut une époque glorieuse à laquelle tous les traits envenimés demeurèrent inutiles et vains, ou plutôt ne servirent qu'à le rendre plus cher aux yeux du peuple vertueux, témoin de l'admirable conduite de Sa Majesté. Oui, dans ces jours à jamais mémorables où Zumalacarrégui commandait l'armée de la fidélité, alors que chaque jour apportait sa victoire, que les christinos laissaient tomber leurs armes et fuyaient épouvantés à la présence de nos soldats; alors que l'Europe contemplait avec admiration les actions héroïques et les prodiges de valeur des défenseurs de la religion et de la monarchie; oui, encore une fois, dans ces jours heureux les ennemis de Charles V, en dépit de leurs efforts, ne purent le perdre. Témoins de la bonté et de l'amabilité du Roi, de son courage à supporter les fatigues et les privations, de son admirable tranquillité d'âme au milieu des plus grands périls, l'armée et les populations Basques-Navarraises, non seulement l'aimaient comme leur souverain, mais encore le regardaient comme un saint. Elles se racontaient mutuellement les traits et les particularités qu'elles avaient vus, et qui témoignaient des vertus de l'homme extraordinaire placé à leur tête par la Providence. Telle nuit, disaient ceux-ci, il a dormi dans une cabane, sans lit ni couvertures; dans telle affaire, disaient ceux-là, on l'a vu entouré d'ennemis qui en voulaient à sa vie, et Dieu l'a sauvé; nous l'avons vu, nous, reprenaient d'autres, couvert de boue, tout mouillé par la pluie et souffrant de faim. Comment! s'écriaient-ils tous ensemble, et c'est là ce fils de tant d'aïeux puissans, cet homme né et nourri dans les délices de Madrid et d'Aranjuez! On comprend qu'à la vue de cette admirable conduite, si éloignée de la délicatesse et du faste de notre époque, le peuple Basque-Navarrais se soit attaché étroitement à Charles V, et ait étonné le monde de ses hauts faits. Mais les hommes qui réfléchissent se demandent comment, sans que le peuple ait manqué à sa fidélité, le prince à ses vertus, a pu être consommée la plus noire trahison qu'aient enfantée les temps modernes. Pour que l'on connaisse mieux toute la perversité de cette faction, auteur de la captivité de Charles V, jetons un coup d'œil sur la vie et les actes de ce prince ; il servira à mettre en évidence ses vertus et ses qualités ; nous dirons ensuite rapidement les menées de la faction pour s'emparer de sa personne.

Sortir d'Angleterre, traverser la France, quitter sa femme et ses enfans, peut-être pour ne plus les revoir, voilà, certes, des faits qui prouvent en Charles V autre chose que de la crainte et de la lâcheté. Entré en Navarre le 7 juillet, dès le 22 il prenait position dans l'auberge d'Alzasua, et attendait, avec une poignée de volontaires, Espartero qui s'avançait à la tête de trois mille hommes, et qui se hâta de se jeter dans un bois pour gagner Salvatierra. Le 9 août, au même endroit, et n'ayant avec lui que sa garde d'honneur, deux compagnies de guides et le cinquième bataillon de Navarre, il empêchait Rodil de sortir d'Echarri-Aranaz où il était avec un fort détachement. Tout cela accuse-t-il un caractère lâche et pusillanime ? Le 14 du même mois, mouillé jusqu'aux os, sans autre nourriture qu'une tasse de chocolat, il passa la nuit dans la ferme d'Astorecas, près du foyer d'une misérable cuisine, assis sur une mauvaise chaise. Le 18, il la passa à la forge d'Echarri-Aranaz qui, dépourvue de tout, était de plus sous l'influence du choléra dont étaient morts la veille deux des habitans et dont un troisième avait reçu les derniers sacremens. Le 23, il mangea à l'auberge de la Sangre, où il n'y avait ni siéges, ni table, ni couverts, et qui était pleine d'une fumée insupporta-ble. Le 25, le fidèle comte de Penne-Villemur, à la vue du Roi assis sur un manteau dans la cabane d'un berger, et que menaçaient tant de dangers, ne put s'empêcher de s'écrier : « Où sont donc, Sire, ces grands d'Espagne et tant d'autres qui se vantent de leur fidélité? Pourquoi ne viennent-ils pas partager les fatigues de votre Majesté? Est-ce qu'après tout ils sont aussi à plaindre qu'elle? — Non, répondit le Roi, mais ici je suis à ma place. » Du 25 au 31, il passa deux nuits couché sur du foin et exposé aux plus grands périls. Mais ni les périls, ni les travaux, ni les fatigues de toutes sortes, ne lui firent perdre sa tranquillité d'âme habituelle et son air aimable et doux.

Le 30, l'insensé et sanguinaire Rodil écrivait à son gou-vernement, *qu'avec sept mille hommes il tenait le Préten-dant traqué sur la montagne d'Azniéba et qu'il allait lui donner la chasse comme on fait aux loups;* langage bien di-gne du royaliste renégat que son ambition a fait tourner à tous vents. Charles V dut à son courage et à son sang-froid, d'échapper au piége tendu par son plus implaca-ble ennemi.

Le 8 septembre, le roi, à la tête d'un bataillon de Gui-puzcoa et de Biscayens, sur la hauteur de Muniqueta, entre Guernica et Durango, attendit Espartero qui venait avec des forces bien plus supérieures et qui tourna d'un autre côté. Le 12, il passa à une portée de fusil de la garnison de Maestu, comme le 21 juillet il avait fait de celle de Salvatierra. Le 23, il coucha à la ferme d'Esain, que *l'humain et politique* Cordova fit brûler, parce que Charles V l'avait *souillée* de sa présence. Le 25, il cou-rut un tel danger que, pour le sauver, il fallut que le brave et fidèle J.-B. Esain le portât, à travers des précipices, l'espace d'une demi-lieu. Et un roi qui a tant souffert,

qui tant de fois a exposé sa vie pour soutenir les principes de l'ordre et lutter contre l'anarchie, ce roi est aujour-
d'hui captif : et les gouvernemens le souffrent, et l'on croit
que le ciel laissera impunie une pareille injustice !...

Le 11 octobre, Charles V prit position devant Gatica,
et y attendit avec un petit nombre de volontaires, Espartero, qui s'enferma lâchement dans Plencia, d'où le lende-
main il l'attendit encore, mais vainement, à sortir. Le
20, avec deux cents hommes, le Roi passa entre deux
colonnes ennemies postées, l'une à Bergara, l'autre à
Aramayona. Elles eurent si grand'peur que celle de Bergara se retira sur Azcoitia, et que celle d'Aramayona
s'enferma dans l'église pour s'y défendre. Le 31, à Ognate, il fit grâce à six cents prisonniers faits aux glorieu-
ses affaires des 27 et 28, à Alava. Tels sont, à une époque où les christinos ne faisaient pas de quartier, les actes de barbarie de ce Roi que les ennemis de l'Espagne
ont représenté comme un homme cruel et sanguinaire.

Le 27 novembre, Charles V se dirigea vers la Ribe-
ra de Navarre, passa entre les garnisons d'Estella et d'Ar-
cos, coucha à Falcès, le 28 poursuivit sa marche dans
les environs, passa à gué l'Aragon près de Mancilla,
entra à Villa-Franca, et alla de là à Zubiri, ayant eu dans
tous ces mouvemens mille occasions de faire preuve de son
courage. On conçoit sans peine que dans tant de mar-
ches et de contremarches, à travers un pays si difficile et
si dangereux, dans une saison si rigoureuse, par la boue,
la pluie, le froid, la neige, le Roi a dû avoir à supporter
bien des peines, bien des fatigues ; mais il ne se plaignit
jamais, il ne perdit pas un moment son calme habituel,
et l'on vit toujours peinte sur son visage la tranquillité
d'âme la plus parfaite.

Lorsque, le 31 janvier 1835, il passait devant Maestu,

l'ennemi tira un coup de canon dont le boulet vint tomber aux pieds de son cheval. Les personnes de sa suite, voyant le harnais du cheval et le manteau du Roi couverts de boue, furent extrêmement inquiets et le supplièrent de s'éloigner du danger. Mais, sans presser le pas, et sans témoigner la plus légère inquiétude, il ordonna de ramasser et de garder le boulet, qui fut recueilli et depuis conservé au quartier royal sous le nom de Barbès, qui était celui du commandant du fort ennemi.

Le 5 février de la même année, il assista à l'affaire d'Arquijas; le 16 juillet, il traversa le pont de Mendigorria, au milieu des balles ennemies qui se croisaient en tous sens; le 24 mai 1837, il était, en grand costume, à la célèbre bataille d'Huesca d'Aragon; et là, comme à Barbestro et à Villar de los Navarros, il donna des preuves évidentes de son courage et de son sang-froid au milieu des dangers.

C'est dans ces faits et une foule d'autres que les peuples et les soldats, qui en étaient les témoins, puisaient cet amour sacré pour le prince et l'enthousiasme qui les conduisait aux combats. Mais ses ennemis, qui avaient juré sa ruine, trouvèrent moyen de perdre et le peuple et le Roi. Mettons à nu les machinations infâmes de ces hommes de malédiction, et que le monde entier fasse tomber un terrible anathème sur les hypocrites qui ont vendu Charles V et le tiennent dans la plus dure captivité.

C'est un fait authentique et bien prouvé, qu'un certain Ponce de Léon avait été chargé par le juste-milieu de se défaire de Charles V. Ce misérable fut arrêté ayant sur lui du poison. Il avoua son affreux projet et fut condamné à mort. Ce qu'il y a d'extraordinaire, c'est qu'il exhortait les soldats qui allaient le fusiller, à défendre Charles V, comme leur souverain légitime. Ce ne fut pas là le seul coup de cette nature tenté par le même parti ; le Portugal fut le théâtre de quelques autres ; on connaît celui de D. Mariano Arana-Travesedo.

Cependant les menées ayant échoué de ce côté, ils se tournèrent d'un autre, et puisqu'ils n'avaient pu se débarrasser du Roi par une mort violente, ils résolurent de s'en défaire moralement et de lui ôter la liberté.

A force de perfidie et d'astuce, ils étaient parvenus à placer auprès du prince, depuis son départ de Madrid, des gens dont ils étaient sûrs et qui ne demeurèrent pas oisifs en Portugal. Aussitôt que Charles V entra dans les provinces, ils eurent l'adresse de se bien caser, et, de concert avec ceux qui s'étaient glissés dans le quartier général de Zumalacarrégui, ils travaillèrent à la réalisation du projet. Ces derniers soufflèrent à Quésada la pensée d'une transaction à proposer à Zumalacarrégui avec offre du grade de lieutenant-général, et de quelques emplois pour ceux qu'il désignerait comme dignes de sa confiance. Zumalacarrégui parut entendre à leurs propositions. C'était dans le but de se ménager le temps de se pourvoir de munitions dont il manquait, et de faire sortir de prisons sa femme et celles de Guibelalde et de D. Florent Sanz, dont la liberté lui avait été promise par Quésada. Zaratiégui, lui, souscrivit sérieusement et de bon cœur aux propositions qui lui furent faites. La junte de Navarre, qui était à Elizondo, alarmée des bruits qui couraient, et instruite de tout par le capitaine Baiges, alla trouver Zumalacarrégui à Lumbier. Pour dissiper les inquiétudes, le général brisa pour toujours avec l'ennemi, et publia à ce sujet une proclamation qui rassura tout le monde. La transaction proposée par Quésada était, comme celle de Bergara, la reconnaissance d'Isabelle avec le gouvernement représentatif et les principes révolutionnaires, et, de plus, l'approbation de certains choix pour différens emplois. Tous, excepté Zaratiégui, repoussèrent avec indignation ce détestable projet. Il est à remarquer qu'Iturralde et Uriz, qui étaient plus que personne au courant des intrigues des traîtres, et qui les détestaient, eurent une fin tragique. Le ressentiment et la fureur *des juste-milieu modérés* ne pardonnent pas.

Les conditions posées par Quésada furent donc consenties et acceptées par Zaratiégui qui, depuis, ne les oublia pas; et il est bien probable que quand, lors du premier siége, il entra à Bilbao avec son ami Arjona pour conférer avec les consuls étrangers, il s'en souvint encore.

Quand le Roi nomma le général Moreno chef d'état-major, les traîtres en furent si mécontens qu'ils se réunirent aussitôt à Zornosa. La réunion, présidée par Maroto et composée des chefs de la faction, parmi lesquels Zaratiégui et Castillo, qui fut nommé chef d'état-major dans l'expédition de Gomez, arrêta qu'on s'opposerait aux intentions du Roi en renversant Moreno. On sut tout ce qui s'y passa par quelques fidèles royalistes qui s'y étaient rendus de bonne foi, et qui y prirent connaissance des trames infernales de la trahison. On fut encore assez heureux pour arrêter à Salvatierra le curé de Lecumberri, depuis Marotiste exalté, et alors porteur des lettres où Eraso conseillait de ne pas faire connaître les munitions qui se trouvaient dans la Navarre. Le Roi voulut frapper un grand coup et faire un exemple. Mais Sureda et les autres courtisans qui étaient du complot, s'attachèrent à faire croire au monarque que tout cela n'était pas autre chose qu'une jalousie de militaires, et qu'une mesure de rigueur, quand la mort de Zumalacarrégui était encore si récente, pourrait avoir de fâcheux résultats. Les conspirateurs, heureusement sortis de ce mauvais pas, se réunirent de nouveau à Zugniga, comme le rapporte Arizaga, à la page 29 de son Mémoire (1). Cette réunion était composée de Maroto, Simon La-Torre, Zaratiégui, Bellengero, Arjona et Arizaga ; on y traita, entr'autres choses, des moyens de se défaire de Moreno, sous prétexte d'incapacité et de déconsidération. Enfin on adopta un projet qui devait s'exécuter à Mendigorria, et qui avait pour résultat la perte de Moreno et du Roi lui-même.

Une des mesures arrêtées à Zornosa avait été de faire venir Eguia. Ils intriguèrent si bien qu'ils réussirent à le mettre à la tête de l'armée, non comme chef de l'état-major, mais comme général en chef; et, depuis ce moment, sous le prétexte spécieux qu'il convenait de faire voir aux gouvernemens de l'Europe que Charles V pouvait s'établir partout où il voudrait sans que l'ennemi pût l'en empêcher, ils l'isolèrent afin de poursuivre avec plus de liberté leurs machinations.

L'arrivée d'Erro au pouvoir fut un événement heureux pour les révolutionnaires ; car le système qu'il suivit porta un coup mortel à la cause de Charles V. La création de commissaires royaux et de surintendans de police, le nombre scandaleux de nominations à différens emplois, sans qu'une seule branche de l'administration fût organisée, tout cela fut autant d'armes en faveur du parti. Cabagnas et Horcasitas, nommés sous-inspecteurs, le premier d'infanterie, le second de cavalerie, exigèrent

---

(1) Avec le Mémoire d'Arizaga, imprimé à Madrid en 1840, nous citerons celui d'Urbistondo, publié dans la même ville en 1841, afin qu'on voie que ceux-là même qui sont le plus intéressés à les taire, conviennent de beaucoup des faits que nous rapportons.

dans les sujets à placer *une bonne éducation* et l'élégance des manières ; ce qui allait à éloigner de l'armée les officiers les plus braves et les plus méritans pour y introduire les partisans de la faction. Cabagnas était ministre de la guerre à l'époque de l'expédition royale ; Horcasitas embrassa le parti de Maroto.

La faction gagnait chaque jour du terrain et se ménageait de nouvelles ressources par le moyen de ses nombreux agens à Madrid et dans toute l'Europe. Ils répandaient partout habilement le poison de leurs maximes révolutionnaires et impies, soulevaient les passions, excitaient les animosités, semaient la discorde, peignaient les royalistes purs comme des barbares cruels et sanguinaires, et leur attribuaient toutes les fautes et jusqu'aux trahisons qu'eux-mêmes projetaient. Après la glorieuse affaire d'Oriamendi le Roi voulait aller dans la Castille ; mais les gens du parti firent si bien qu'au lieu de passer l'Èbre, il se dirigea sur l'Aragon, après avoir traversé l'Arga. Dans cette circonstance Elio et Zaratiégui s'étaient souvenus de leurs engagemens. Quand, à Huesca et à Barbastro, nos braves et fidèles soldats faisaient des prodiges de valeur et applaudissaient au cri de Moreno : « Marchons à Sarragosse ! » ils les retenaient sous de ridicules prétextes. Le vrai motif était la crainte que nos armées ne profitassent de leurs victoires. On a vu Bargas s'entretenant amicalement sur le pont d'Audoain avec Mirasol, qui lui donnait des renseignemens sur les opérations de nos troupes en Aragon, tandis que Zaratiégui laissait Espartero traverser tranquillement les redoutables défilés qui se trouvent entre Saint-Sébastien et Pampelune, et pressait fortement pour la destruction du fort de Lerin. Le départ d'Elio et de Zaratiégui pour la Castille, qui affligea tous les honnêtes gens, et qu'on ne jus-

tifiera jamais, eut pour effet d'éteindre l'enthousiasme
des populations, parce qu'au lieu de les soulever, ils ne
travaillèrent qu'à les arrêter en persécutant les vrais
royalistes, protégeant les libéraux et se livrant à d'af-
freuses exactions. La faction voulait faire passer le général Cabréra d'Aragon en Andalousie; elle voulait encore
le faire rester à l'arrière-garde dans le mouvement opéré
sur Madrid; le Roi s'y opposa. Par suite des machinations, exposé à tomber entre les mains d'Espartero, il
partit pour les provinces, où il donna l'ordre d'arrêter
Elio et Zaratiégui, et exila La-Torre et Villaréal à Guernica. La trahison de ces hommes était en cette circonstance si patente, que l'infant don Sébastien leur dit, à un
endroit qu'on appelle Casa la Reyna : « Vous m'avez
trompé; mon oncle est abandonné (1). »

---

(1) Quand Zariatégui et Elio, après avoir abandonné le Roi en
Castille, allèrent dans les provinces, ils prièrent le brigadier Carmona
de se charger de persuader à Garcia d'accueillir les propositions faites
par les christinos, de laisser à chacun ses dignités et ses emplois, ajou-
tant que, pour eux, devant conserver leur grade de général, ils n'a-
vaient plus à désirer que la fin de la guerre, sans s'inquiéter qui rè-
gnerait, ou de Don Carlos ou de Christine.

Cette odieuse proposition indigna Carmona et révolta Garcia, qui
aussitôt remplit son devoir en prévenant le Roi.

Quand Zaratiégui sut qu'on allait l'arrêter, rencontrant Carmona à
Arquijas, il se jeta à ses genoux en présence du brigadier Gabarre,
et le supplia, pour l'empêcher d'être fusillé, de garder le secret de ce
qu'il lui avait dit.

Carmona était un brave Espagnol, l'honneur de la Navarre, plein
d'une délicatesse qu'il porta jusqu'à l'excès en gardant le secret de
l'infamie et de la trahison de Zaratiégui et d'Elio. Mais ces deux traîtres, qui n'avaient rien de la loyauté espagnole et de l'honneur navarrais, prirent part à l'assassinat de Carmona et de ses collègues, et
il ne manque pas de motifs pour croire et assurer qu'ils arrêtèrent à
Arciniega et à Urquiola le projet de ces atrocités. Qui sait si ce ne

Les généraux arrêtés et destitués parvinrent à soulever, en faveur de Zaratiéguy, quelques compagnies contre la junte de Navarre, celle-là même qui avait déjoué le projet de Lumbier; et lorsque le conseil des officiers-généraux, tranféré par les ordres du Roi, de Riezu à Villaréal de Zumarraga, jugeait la cause d'Elio et de Zaratiéguy, quelques compagnies des corps qui avaient suivi ce dernier en Castille, crièrent, à l'instigation du capitaine Urra : *Vive Elio ! vive Zaratiéguy ! mort à Garcia !* Le Roi agit avec vigueur, et Urra fut fusillé.

A Ognate, où étaient les Montenegro, et dans les endroits où se trouvaient les notables et les plus influens du parti, il y eut des manifestations hostiles contre les *Ojalateros*, à Aóiz, contre le brigadier Tarragual et d'autres personnes estimables, et à Ségura contre plusieurs commandans et officiers.

Le but de ces manœuvres était de discréditer et de perdre Guergué, et, après lui, les ministres du Roi et le Roi lui-même. Ils furent secondés dans leurs projets contre le général par la déroute qu'il essuya à Pegnacerrada, en grande partie par la faute du traître Ortigosa.

Le 5 juin, le lâche et sanguinaire Maroto était arrivé à Tolosa; les ministres n'en savaient rien; mais ce n'était

---

fut point pour empêcher la révélation de leur secret? Moreno, lui aussi, portait un secret important d'Elio, et c'est pour cela peut-être qu'il fut assassiné à Urdax.

Or, Elio et Zaratiégui sont les héros de *la Mode*, ceux sur qui elle compte pour une restauration en Espagne. Elle fonde les mêmes espérances sur Villaréal qui, à ses mérites passés, vient, tout récemment, d'en joindre un qui surpasse tous les autres, c'est la tendre et cordiale accolade qu'il a donnée publiquement à son ami Urbistondo, au retour de sa glorieuse campagne des quinze jours.

Quels hommes! juste ciel! et quels journalistes!

pas un mystère pour Sureda, Villavicencio, le P. Gil et le baron de Valles; car c'était par leurs soins et leurs intrigues qu'il était venu. Le Roi ne voulait pas lui donner le commandement de l'armée. Survint le revers de Pegnacerrada, les factieux en profitèrent, et Maroto occupa le poste que lui avaient préparé ses amis.

Le lâche débuta par un acte d'infâme hypocrisie. Le Roi avait ordonné qu'on lui donnât communication du procès d'Elio et de Zaratiègui; il dit publiquement qu'ils méritaient la mort. Il feignait de sympathiser avec les vrais royalistes, et il en profita pour prendre pied et s'affermir; la réputation qu'il se fit dans le peuple et l'armée, il la dut aux éloges et aux intrigues de la *clique*, et aussi au bruit répandu par elle que tous les fonds qui, à cette époque, entraient dans les provinces, appartenaient à Maroto, ou du moins étaient envoyés en sa considération.

Une fois que le monstre se vit bien affermi, il déclara la guerre aux ministres du Roi et au Roi lui-même. Son quartier-général devint le foyer de toutes les machinations. Il voulut gagner Garcia et ses collègues; il échoua, et de ce moment jura leur mort. Il employa toutes ses ressources auprès de Balmaséda, et l'on peut dire que c'était la conquête qu'il ambitionnait le plus, mais sa bassesse reçut un nouvel échec devant la fidélité et l'honneur du noble général: aussi le barbare le marqua comme une des premières victimes pour le jour de sa vengeance.

A cette époque, le parti de la trahison leva audacieusement la tête, il montra son programme, et se donna le nom de *modéré*. Il parlait de lumières, de progrès, de nécessité de garanties dans le gouvernement; en un mot, il tenait le même langage que ses frères de Madrid. Il ap-

pelait barbare , apostolique, ami de l'inquisition et de
l'absolutisme tout ce qui ne pensait pas comme lui. Pour
que personne n'échappât à ses infâmes et odieuses su-
percheries, il allait signalant à la simplicité du peuple
et du soldat, les royalistes purs comme des hommes ven-
dus à la révolution, comme la cause de tous les malheurs
et de la prolongation de la guerre. Maroto était en rela-
tion directe avec Espartero ; les autres chefs étaient en
rapport avec les amis de Madrid, de Paris, de Londres et
d'autres points, et l'infâme projet d'enchaîner Charles V
marchait à grands pas à sa réalisation.

Le 15 janvier, Maroto, comme le dit Arizaga, à la
page 155 de son Mémoire, eut une conférence avec un
adjudant d'Espartero nommé Paniagua. Quelques jours
après il se trouvait à Durango avec quelques bataillons
qui lui étaient dévoués, et, comme le dit encore Arizaga, page 159, il parla publiquement contre les ministres et les conseillers du Roi, et eut la pensée de tomber
sur Ognate, où il croyait le quartier-royal, pour y faire
un exemple de ceux à qui la *clique* attribuait les revers.
Ce projet est un fait aussi certain qu'évident. Tous les
chefs du parti le connaissaient et y donnaient leur assen-
timent. On avait celui d'Espartero et de tous les conjurés
espagnols et étrangers ; c'était l'avis général qu'il fallait
faire main-basse sur une soixantaine de personnes pour
s'emparer de Charles V, et perdre sa cause et celle de la
religion et du pays.

L'exécution présentait des difficultés ; on crut devoir
adopter l'avis de M. Landibar. C'était, au dire d'Arizaga,
page 160, de s'assurer tout d'abord des Navarrais. Maroto, bien résolu à commencer ses assassinats, partit
pour Estella où il vit, à l'auberge de Saint-Ignace de
Loyola, les PP. Gil et Cyrile (Arizaga, page 162). Il en-

voya un détachement prendre Ibagnez et Florent Sanz à Villaréal de Zumarraga, où son ami Valdespina, ministre de la guerre, avait eu soin de les envoyer d'avance ; arrêta le général Sanz à Arriba ; s'assura, en passant, de l'intendant Urriz ; manda Carmona, à qui il donnait des témoignages d'amitié tout en préparant sa mort ; et envoya se saisir de Guergué ; puis, quand tout fut prêt, le traître et lâche assassin exécuta l'arrêt porté par l'exécrable faction. Maroto fut le bourreau, et de boucher Royo, son second.

Cet acte de cruauté et de barbarie, qui révolta les honnêtes gens de tous les pays, fut accueilli par ces hommes, qui se disaient humains et modérés, avec les transports de la joie la plus vive ; preuve trop certaine qu'ils n'y étaient pas étrangers et qu'ils pouvaient en revendiquer leur part. Si l'on en doutait, qu'on lise le Mémoire d'Arizaga, depuis la page 152 jusqu'à la 205 ; qu'on lise encore ceux d'Urbistondo, et l'on en sera convaincu ; on connaîtra les entrevues, les réunions de Maroto, Arizaga, le P. Cyrile, Piscina, le P. Gil, et tous les auteurs de la captivité du Roi ; la fureur avec laquelle ils parlaient contre les ministres et les généraux carlistes ; les allées et venues de Negri, d'Arizaga, du corrégidor de Guipuzcoa Lopez, et d'autres ; les vœux des courtisans qui demandaient deux bataillons *pour couper la tête à tous les coquins* (Arizaga, p. 154) ; la joie, l'enthousiasme avec lesquels ils accueillirent, lurent, répandirent la proclamation de Maroto du 18 février, cet écrit si profondément révolutionnaire et où se peignent si bien ces âmes viles, résolues à baigner leurs mains dans le sang de leurs adversaires, et à s'en défaire à tout prix ; qu'on lise Arizaga et Urbistondo, et l'on verra le plaisir que procura aux conjurés la lettre où Maroto, dans le langage le plus insolent, le plus

insultant pour la majesté royale, rend compte à Charles V
de ses assassinats d'Estella, et lui annonce l'intention de
ne pas s'arrêter là. Et si la preuve de leur complicité ne
résulte pas encore de tout ceci, et du remplacement des
victimes par leurs assassins ou du moins par les fau-
teurs, les conseillers du meurtre, il semble qu'enfin il n'y
aura plus moyen d'en douter en songeant que, devenus
maîtres du Roi, après avoir horriblement abusé de son
auguste nom pour répandre des circulaires, des ordres,
accorder des grâces, des décorations, des grades, ils n'ont
pas publié un décret pour déclarer nul celui du 24 février,
où l'on approuvait les atrocités d'Estella, et duquel il ré-
sultait que les généraux fusillés avaient été traîtres. En
Europe et partout, les hommes sensés ont reconnu leur
innocence; il n'y a plus à défendre le crime de Maroto,
que la vile, infâme et détestable faction qui tient Charles V prisonnier. Ainsi le permet la Providence, pour qu'il
n'y ait plus de doute possible de la part qu'ils ont prise à
ces atrocités.

L'attentat d'Estella, qui causa tant de joie au *parti modéré*, tant d'indignation à l'Europe et d'horreur aux hommes honnêtes de toutes les opinions et de tous les partis,
produisit une sensation profonde, immense, sur le cœur
bon et vertueux de Charles V, qui, mieux que personne,
connaissait la fidélité des victimes, le coup terrible qu'en
recevait sa cause, et enfin les dangers qui en résultaient
pour sa propre personne. Aussi il porta un décret terrible
contre le vil et lâche assassin, et il se préparait à punir
comme il le méritait, l'infâme qui avait traîtreusement
répandu le sang innocent. Mais les factieux, qui avaient
tout calculé, tout prévu, déployèrent en cette occasion
toute leur habileté, eurent recours à tous les moyens
pour tromper le Roi sous le voile et les apparences du zèle

et de la fidélité. Ils lui persuadèrent que, dans des circonstances aussi difficiles, les généraux qu'il fallait appeler au commandement des troupes étaient Villaréal, Simon La-Torre et Urbistondo, parce que leur fidélité était
à l'épreuve, et que, compatriotes des victimes, ils sau-
raient mieux les venger contre *l'étranger Maroto*.

Le Roi était loin de se douter de la perfidie que recou-
vrait cette proposition. Il les fit venir, et cette mesure assura le triomphe de la faction. La première chose que
firent les nouveaux venus, fut de supplier le Roi de se
rendre avec eux, sans suite, au quartier-général de Maroto, lui demander compte de sa conduite à Estella, (voir
Urbistondo, p. 5). Le Roi s'y refusa. Il soupçonnait leurs
intentions ; mais il fallait dissimuler.

Il est évident que le but des généraux était de se rendre maîtres de la personne du Roi, et d'assassiner ensuite
tous ceux que la coterie avait marqués du sceau de sa ré-
probation. On n'en aura pas le moindre doute quand on
saura qu'avant le meurtre d'Estella, ils avaient envoyé assurer Maroto qu'il pouvait compter entièrement sur eux
et sur leur coopération. Les mesures des traîtres étaient
bien prises. Charles V, échappé à ce piége, tomba dans un
autre. Maroto partit d'Estella en toute hâte, faisant croire
au pauvre et crédule soldat que le Roi était captif, qu'il
allait le délivrer et châtier ceux qui, de concert avec les
traîtres punis à Estella, avaient vendu l'armée, le peuple
et le Roi lui-même ; et la faction allait répétant partout
ces perfides impostures.

Maroto qui accourait d'Estella, comme le tigre qui a dé-
voré sa proie, encore rouge de sang ; Villaréal, qui était du
côté d'Alzasua ; Urbistondo à Tolosa ; Simon La-Torre, sur
lequel on comptait pour la Biscaye ; du côté d'Alava, Al-
zaa, l'intime ami de Maroto, (Arizaga, p. 376,), qui

2

plus tard donna pour mot d'ordre à ses troupes : *Raphaël, raison et courage* ; c'était trop d'ennemis pour que le Roi pût tenir : il succomba. Les personnes de son service prirent plus de part que personne à sa perte, et un éternel opprobre couvrira Sureda, Terreus, Sacanel, Villavicencio et Guillen. Telle fut l'insolence à laquelle se porta l'ignoble *clique* qu'Urbistondo, malgré la bassesse de ses sentimens et la corruption de son cœur, éprouva de la honte et de la répugnance à prendre part aux violences exercées contre le Roi ; elles furent portées au point que le monarque eut des inquiétudes pour sa vie. (V. Urbistondo, p. 7.)

Oh ! qui pourra jamais comprendre comment l'armée, croyant servir son Roi, aida à lui donner des chaînes ! C'est un fait qui doit servir de leçon aux hommes qui réfléchissent, et faire ouvrir les yeux à ceux qui gouvernent, sur la perversité et l'astuce des factions.

Charles V, tombé au pouvoir de celle des modérés, fut réduit au plus dur esclavage. De ce moment il n'eut plus d'action, plus de liberté, pas même celle de communiquer avec ses fidèles serviteurs et de leur écrire.

Les factieux publièrent sous le nom de Charles V, à la date du 24 février, le décret dont nous avons déjà parlé, qui approuvait les atrocités de Maroto à Estella, rapportait celui du 21 qui le déclarait traître, et appelait brave et fidèle serviteur le soldat qui se révolta contre son Roi, porta les armes contre lui, et qui s'était engagé avec Espartero à livrer l'armée. La faction toute entière consentit à cette dégradation de la majesté royale et à la perte de la légitimité ; et, après avoir applaudi à la mort des généraux, elle applaudit à la ruine de la cause de la religion et de la patrie. A dater de ce jour, il *n'y eut plus d'autorité royale ; elle disparaît pour faire place à celle de la faction.*

Maroto, Eguia, Villaréal, Urbistondo, Alzáa, La-Torre, Erro, Piscina, le P. Cyrile, les Montenegro, Silvestre, le P. Gil et d'autres qui, avec eux, formaient une vingtaine de personnes, à dater du 24 février devinrent maîtres absolus; il n'y eut plus d'autre volonté que la leur. Ils exilaient, ils emprisonnaient, enlevaient et donnaient les emplois dans l'armée et dans toutes les branches de l'administration; ils déclarèrent une guerre à mort aux vrais royalistes, et firent éclater leur ressentiment contre les membres du clergé qui n'étaient pas de leur parti. Jamais il n'y eut pareille tyrannie; et *c'était le parti modéré qui gouvernait!* Quelque temps avant les assassinats d'Estella, don J. J. Pavia disait à un général : « Maroto travaille à s'affermir; quand il aura pris position, il se moquera des procès d'Elio, Zaratiégui et Gomez, fera entrer dans le ministère Piscina et Montenegro, et les choses iront bien. » Cette révélation de Pavia, avant les événemens d'Estella, témoigne des projets de la faction, qui furent réalisés aussitôt que possible. Piscina, que l'ambition et l'esprit d'intrigue avaient amené d'Italie dans les rangs des factieux, prit le ministère d'État; Montenegro, ce vieux guerrier, cet officier d'artillerie qui devait connaître à merveille les règlemens militaires et quelque chose de plus que les règlemens, qui devait surtout savoir estimer à son prix l'honneur d'un vieux soldat, Montenegro entra au ministère de la guerre, par suite d'une révolte, après avoir commandé les jeunes artilleurs qui figurèrent à Oguate dans les émeutes excitées par les factieux, et brûlé en effigie le ministre Arias-Teixeiro; il occupa un poste que lui interdisaient les lois de la délicatesse et de l'honneur comme celles de la guerre. Mais la faction le jugeait utile à ses dessins, elle l'avait ainsi décidé, et Montenegro brava tout pour servir les intérêts de l'infâme parti.

Combien triste était la position de Charles V, entouré de pareils hommes ! Chaque factieux était un espion ; les ministres en remplissaient le rôle, et Villaréal, plus que personne, ne le perdait jamais de vue. On lui interdisait toute correspondance, et quand, avec bien de la peine, il parvenait à tromper la vigilance de ses geôliers, c'était au risque des plus grossières insultes, comme il arriva à Ognate, pour ses rapports avec Cabrera et Arias. Le fameux Elio poussa l'insolence jusqu'à recommander au gouverneur de Vera, de prendre tous les moyens pour s'emparer de la correspondance qui, selon lui, devait exister entre le Roi et les exilés qui étaient en France. Les misérables n'oublièrent rien pour opprimer et tourmenter celui qu'ils avaient juré de reconnaître pour Roi.

Il n'est pas inutile de faire voir en quels termes la faction représenta aux gouvernemens étrangers, comme ayant la sanction et l'approbation du Roi, les crimes et les atrocités commis par Maroto, et applaudis par elle (1).

D. José Tamariz écrivit le 26 février au comte d'Alcudia : « Depuis quelque temps le chef de l'état-major-général de l'armée remarquait, dans les membres du cabinet précédent, une certaine tendance à restreindre son autorité, et, en quelque sorte, à paralyser ses actes... le manque d'activité dans les opérations de l'armée, dû ce me semble aux intrigues d'un chef peu accoutumé aux choses de la guerre, et à l'opposition que lui faisaient inconsidérément les ministres, donnait lieu constamment à une inimitié réciproque. » Depuis, le même Tamariz écrivait : « Dans un moment d'irréflexion, Maroto s'avisa de faire arrêter les généraux Guergué, Garcia,

---

Sanz, le brigadier Garmona, l'intendant Uriz et l'officier de la secrétairerie de la guerre, don Luis Antonio Ibagnez. Le caractère violent du chef de l'état-major général le poussa à les faire fusiller, après avoir fait aux volontaires une allocution dont je fais tenir à Votre Excellence un exemplaire. » Tamariz continue : « Les secrétaires d'État, ennemis personnels de Maroto, sans connaître les motifs qui l'avaient fait agir, conseillèrent au Roi de le déclarer traître et d'éloigner le marquis de Valdespina, le seul ministre favorable à Maroto et à ses amis, comme le verra Votre Excellence par le document ci-joint. Durant ce temps-là, Maroto publiait un exposé de conduite qu'il a imprudemment adressé au Roi la semaine dernière : on semblait de part et d'autre s'être proposé de pousser les choses au point d'en venir aux mains dans notre propre camp. Par bonheur il n'en a rien été, parce que Sa Majesté s'est aperçue de l'inhabileté de ses ministres. » Voici maintenant ce qu'ajoute Arbizu, auteur de l'autre moitié de la lettre au comte d'Alcudia : « Voulant enfin rétablir l'harmonie entre le cabinet et le chef de l'état-major général, qui, par l'énergie et l'ordre qu'il a déployés dans le mouvement de ses troupes depuis Estella jusqu'à Tolosa, bien que sous le coup d'une improbation royale pour sa conduite antécédente, et en présence des forces envoyées contre lui, montrait l'influence qu'il exerçait sur ses soldats et la bonne discipline introduite dans son armée, Sa Majesté a pris le parti de renvoyer ses ministres et de les faire conduire en France avec toute la sécurité et les égards possibles, par les soins du général don Antonio Urbistondo, à la sagesse duquel ont été laissés les moyens à prendre pour prévenir sur leur passage toute manifestation désagréable ; mesure prudente et nécessaire dans l'état actuel des esprits irrités de l'imprévoyance avec laquelle ces hommes ont compromis l'autorité royale, en cachant à Sa Majesté le véritable état des choses. » Voilà comme sont présentés les faits par MM. Tamariz et Arbizu ; car tous les deux ont enfanté de concert ce chef-d'œuvre d'ignorance, de maladresse, de stupidité et de mensonge. Ainsi l'arrestation des généraux est due à *un moment d'irréflexion* chez Maroto, leur mort à la *violence de son caractère*. Il fait un exposé de ses motifs de conduite, et ce n'est que par *légèreté* qu'il l'adresse au Roi. Et sans doute que les illustres diplomates condamnaient le conseil donné par les ministres, de déclarer Maroto traître. Ses crimes et sa trahison étaient évidens, connus du Roi avant la publication du décret du 21 ; sa révolte était publique, et les ministres *manquaient d'habileté* ; c'est pourquoi il fallait qu'ils fussent destitués et exilés. Maroto était un excellent général, parce qu'il avait su conduire quelques bataillons contre son souverain.

Les stupides auteurs de la note écrite au comte d'Aléncia se disent du parti qui prend le titre de *parti des lumières*. Si tous ses membres sont aussi habiles que les deux rédacteurs, c'est, en vérité, un honneur d'appartenir à celui qu'ils appellent barbare.

Examinons maintenant une autre note diplomatique du 28 février 1839. Piscina écrivait aux agens du Roi à l'étranger : « Que la source des dissentimens entre les personnes qui entouraient le Roi et le chef de l'état-major général, était une inimitié personnelle qui elle-même était l'effet du zèle pour les intérêts du Roi. » Fausseté et mensonge insignes. La véritable cause était que la faction voulait les principes révolutionnaires, et qu'elle s'entendait avec l'ennemi pour lui vendre le peuple et Charles V. Piscina ajoute : « Le remède était difficile parce qu'il s'agissait, d'une part, d'hommes recommandables par leurs antécédens; de l'autre, d'un général tout aussi fidèle qui avait rendu d'éminens services, et se trouvait à la tête d'une armée pleine d'ardeur, d'où l'on ne pouvait convenablement l'éloigner. » Dans ces quelques lignes Piscina s'est vraiment surpassé dans l'art de mentir. Maroto avait rendu d'éminens services! Eh! où donc? Serait-ce en Amérique? en Portugal? en Catalogne? à Estella? A-t-il jamais été autre chose qu'un lâche, et, tranchons le mot, un voleur, l'ennemi de tout honnête homme? Et Piscina ne le savait pas? Piscina ignorait les plans, les projets de Maroto, ses intelligences avec l'ennemi? Cependant nous l'entendrons bientôt ce Piscina crier contre Maroto, l'appeler traître. Il est vrai que ce sera parce que Maroto s'éloignait un peu de la ligne où se trouvaient Piscina et ses amis qui, tous au fond, ne valaient pas mieux que le bourreau d'Estella. « Une trahison bien prouvée de quelques généraux subalternes, continue Piscina dans sa note diplomatique, est encore venue dernièrement compliquer une position déjà si difficile. » Nous ne dirons rien de cette trahison *bien prouvée* des généraux, parce qu'il n'y a pas un parti en Europe qui ne soit, à cette heure, convaincu de l'innocence de ces hommes fidèles et courageux; et qu'en voyant Piscina chercher à déchirer leur réputation, à ce langage du digne organe de la cruelle et sanguinaire faction, tout le monde reconnaîtra sa noire méchanceté qui, non contente de leur avoir ôté la vie, voudrait encore leur ravir l'honneur.

« Guergué et ses malheureux collègues, ajoute Piscina, voulaient renverser le chef de l'état-major général par des moyens que la rigueur des lois militaires punit de la peine qu'ils ont subie. » Autre trait d'impudence de la part de Piscina. Les généraux, comme tous les vrais royalistes, à la vue des perfides menées de Maroto et de ses partisans, gémissaient amèrement, se plaignaient à qui de droit et déploraient l'état de nos affaires qui étaient perdues si l'on n'y apportait remède et si un bras puissant ne venait couper le mal. Ils ne conspirèrent point; jamais ils n'ont été contre les volontés du Roi; jamais ils ne se sont écartés de leurs principes de subordination et d'obéissance; ils n'ont jamais excité à la révolte, ni rien fait qui méritât châtiment, ou même réprimande. La conduite postérieure des traîtres prouvé jusqu'à l'évidence que si les généraux carlistes commirent quelque faute, ce fut celle de se fier à des hommes qui marchaient si ouvertement dans le chemin de la trahison.

« Sa Majesté, continue hypocritement Piscina, pénétrée de la plus vive douleur à la nouvelle de la mort des généraux, ayant su quel en avait été le motif, n'a pu s'empêcher de rapporter le décret qu'elle avait publié; elle a dû aussi faire l'accueil le plus bienveillant au général qu'elle avait blessé par ce manifeste, quand, après avoir donné par écrit la preuve que, dans cette circonstance, il n'avait fait qu'obéir aux réglemens militaires et aux lois en vigueur, il est venu se jeter à ses pieds. » Oh! pour le coup voilà bien le comble de l'impudence! Maroto a fusillé les généraux conformément aux lois en vigueur! Est-ce que Piscina ignorait l'existence de la loi qui défend toute exécution sans l'autorisation du Roi? Maroto n'a fait qu'obéir aux réglemens militaires! Piscina les a-t-il lus? Et, s'il les a lus, en a-t-il trouvé un seul qui justifie le crime de Maroto? Ils s'étaient révoltés! Alors c'était une révolte d'hommes rangés avec ou sans les armes (1). Mais où était Sanz?

---

(1) Pour mettre les lecteurs à même de juger sainement des assassinats

où était Uriz ? où étaient Guergé et Garmona ? A de grandes distances les uns des autres, sans armes, dans une position toute pacifique. Et les officiers de la sécrétairerie de la guerre, Ibagnez et Florent Sanz, qui travaillaient tranquillement à Villaréal de Zumarraga, étaient-ils des chefs de révolte ? avaient-ils soulevé les bataillons ? Quelle stupidité ! quelle infamie ! quelle horreur ! Maintenant, Maroto obéissant ! Maroto soumis, respectueusement prosterné aux pieds du Roi ! Maroto qui envoya Urbistondo lui dire d'exiler les personnes qu'il lui désignait, avec ordre, si Sa Majesté ne le voulait pas, de l'assurer *qu'il les fusillerait, fussent-ils cachés sous le lit du monarque !* Maroto qui

---

d'Estella, et du procès instruit après l'exécution par Arizaga, approuvé par le conseil de guerre présidé par Eguia, par la junte d'État à laquelle était le P. Cirile, et par le ministre de la guerre, D. Juan Monténégro, je vais citer les seuls articles du code militaire applicables au cas présent.

L'article 21, titre 6, traité 8, dit que : *Les arrêts des conseils de guerre ne peuvent recevoir leur exécution sans l'approbation préalable du Roi, toutes les fois qu'il s'agit de la dégradation, de la destitution ou de la mort d'un officier.*

Il y a deux exceptions à cet article ; la première est comprise sous l'art. 41, titre 10, traité 8. La voici : *Si lorsqu'un régiment, un bataillon, un escadron, un détachement, ou tout autre corps se trouvant sous les armes, ou sur le point de les prendre, il venait à se faire entendre parmi les soldats quelque cri séditieux, il faut que les officiers se portent aussitôt sur le point d'où le cri est parti, qu'ils prennent cinq ou six de ces hommes, les mettent à la tête du régiment ou du corps qui se trouve là, et les somment de faire connaître le coupable ; s'il est signalé, il sera passé par les armes sur le lieu même, après que procès-verbal aura été dressé ; s'ils ne le font pas connaître, on les rendra solidaires les uns des autres, et le sort décidera.*

L'autre exception est comprise sous l'article 117, même titre et même traité que ci-dessus : *Celui qui, par lâcheté, donnerait dans un combat le signal de la fuite, l'action commencée, ou bien en présence de l'ennemi, soit qu'on marche à sa rencontre, soit qu'on l'attende, pourra être mis à mort sur-le-champ, pour son châtiment et l'exemple des autres.*

eut l'insolence sacrilége de dire à l'adjudant d'état-major Barres (1) qui censurait ses actes : « *Je vous ferai fusiller, vous, et le Roi lui-même, si l'on s'oppose à ma volonté.* »

Et celui qui tenait ce langage en parlant de son Roi, est le héros de Piscina ; voilà l'homme choisi par le parti pour l'exécution de ses projets, l'organe des pensées, des sentimens, des desseins de la faction régicide, de cette poignée d'ambitieux et d'intrigans qui, pour satisfaire leurs basses et ignobles passions, ont vendu leur pays à la révolution et à l'impiété.

« Le Roi, continue toujours Piscina, pour couper le mal dans sa racine, a jugé à propos d'éloigner de sa personne

---

L'avocat de Maroto, Arizaga, ne trouvant pas dans les deux articles précités la justification des atrocités d'Estella, a invoqué l'ouvrage de Colon, (*Tribunaux militaires*, tome III, p. 160). Mais avec la mauvaise foi qui caractérise les traîtres, il ne cite pas ces paroles essentielles de l'auteur qu'il invoque : *Quand sous les rangs ils font entendre quelque cri séditieux, etc.*, il se borne à copier celles-ci, *crime si grave, qu'il a forcé la loi à sortir des voies ordinaires pour le punir : car c'est le seul cas où le coupable soit châtié avec cette rigueur, sans enquête préalable, ni jugement du conseil de guerre, etc.*

Avec la mauvaise foi qu'il a montrée même dans la citation dont nous venons de parler, il cherche à établir de la parité entre les assassinats d'Estella et les trois cas qu'il expose, et dont les circonstances sont tout à fait différentes.

Ainsi l'on voit que Maroto a enfreint l'art. 21, titre 6, traité 8 du *Code militaire*, en n'instruisant pas la cause des victimes d'Estella, et ne demandant pas l'autorisation du Roi avant de les faire fusiller. On voit encore qu'il ne peut s'étayer pour sa justification des articles 41 et 117, parce que les généraux fusillés ne se trouvaient pas dans les cas prévus par ces articles ; enfin que, ni Colon, cité par Arizaga, ni les trois cas dont il parle, ne sont en sa faveur, parce que Colon s'exprime de la même manière que le Code, et que les cas dont Arizaga veut établir la parité avec le fait dont il s'agit, en diffèrent essentiellement par leurs circonstances.

(1) Cet officier, qui était Français, indigné d'une semblable conduite et d'un pareil langage, donna sur-le-champ sa démission et rentra en France.

les hommes dont j'ai parlé, etc. » Piscina en a menti ef-
frontément ! Qu'on prenne la liste de ceux qui furent exilés, et l'on verra que plus de la moitié n'était pas auprès
du Roi, et que beaucoup n'avaient d'influence aucune dans
le gouvernement, pas même de rapports avec Charles V.
Mais Piscina ne voulait point faire connaître le caractère
et la vérité des faits; il lui fallait de l'ombre et du mensonge. Il finit en disant : « Depuis le 24 février, jour de
la révocation du décret, règne la plus parfaite union ;
l'enthousiasme de l'armée et des provinces est au comble,
et, depuis quatre jours, les soldats et les paysans mani-
festent par des chants, des danses, des jeux et des acclamations continuelles, les espérances que leur faisait con-
cevoir le retour d'une union si désirée. » Oui, il y eut union
entre les traîtres, pour se partager le butin et s'emparer
des emplois ; il y eut des chants, des danses, des jeux, des
acclamations, parce que les factieux voulurent célébrer
avec leurs amis et leurs agens la ruine de la cause de Charles V et de la religion. Il y eut des fêtes révolutionnaires,
et si quelque paysan simple ou quelque pauvre soldat y
prirent part, c'est que les traîtres avaient dit partout que
les généraux morts et les personnes exilées avaient conçu
l'infernal projet de vendre les provinces, l'armée et le Roi;
et les pauvres gens, incapables de soupçonner la scéléra-
tesse que recouvraient ces propos, étaient tombés dans le
piége et se réjouissaient de ce qui, en réalité, était leur
perte et leur malheur. Mais les masses, les vrais royalistes pleuraient amèrement, et, plongés dans la douleur
la plus profonde, ils maudissaient la faction impie qui,
d'un seul coup, rendait inutiles tant de sacrifices immen-
ses, et précipitait dans l'oubli les plus belles, les plus héroïques actions. Tels étaient les sentimens des royalistes de
Catalogne, d'Aragon et de Valence, où l'on pleura la mort

des généraux et où on leur rendit les honneurs funèbres avec les témoignages du plus vif regret. On y donna aussi des larmes amères à l'emprisonnement et à la captivité du Roi.

Les royalistes exilés en France, effrayés de la rapidité avec laquelle la trahison courait à la consommation de son œuvre, publièrent plusieurs écrits pour avertir le peuple et l'armée du danger qui les menaçait, pour dire aux traîtres qu'ils étaient connus, et pour éclairer les amis de la légitimité. Ces publications étaient loin de plaire aux factieux et les inquiétaient. Ils craignaient, si la vérité venait à être connue, la colère et la vengeance du peuple et de l'armée qu'ils trompaient avec tant de bassesse et de perfidie. En cette circonstance, l'impudence et la présomption de Piscina ne firent pas faute. Il publia, en date du 15 juin 1839, une sorte de circulaire où il qualifiait de *maladresses* les mesures et les actes des ministres exilés. Le 3 mars de la même année, Maroto les avait appelés traîtres, eux et les victimes d'Estella, et toute la *clique* avait applaudi, et personne ne s'était hasardé à élever le moindre doute sur l'exactitude de ce jugement. Trois mois après, Piscina ne les qualifie plus que d'*inhabiles :* c'était un progrès. Il ne faut pas songer à trouver du concert, de l'harmonie, de la vérité, chez des hommes qui ne s'entendaient que pour faire le mal et perdre la cause du Roi.

Deux mois après les assassinats d'Estella et l'infâme décret du 24 février, il n'y avait plus personne à douter que la cause du Roi fût trahie ; c'était l'opinion et la voix publique : de là le mécontentement et les murmures qui éclataient de tous côtés. On pensait de même à l'étranger. Un diplomate disait à Piscina, le 3 septembre 1839 : « Si vous avez reçu ma dépêche du 24 août, vous aurez

vu ce que le journal anglais le *Times* a dit des négociations
de Maroto avec le gouvernement français; et si vous avez
été au quartier royal, Sa Majesté vous aura montré ce
que je lui ai écrit le 16 du même mois, sur les confé-
rences de Maroto avec lord John Hay........ On comptait
recevoir le 31 la nouvelle de l'arrivée du Roi à Bayonne...
un Roi opprimé par la trahison d'un de ses sujets, appuyé
par les gouvernemens révolutionnaires...... Si l'on en
croit quelques personnes, sous le ministère du comte
Molé il y avait à Paris un agent secret de Maroto, qui
venait proposer au gouvernement français l'infâme trahison projetée. C'est pour cela que le bourreau d'Estella,
aussitôt après l'exécution de ses atrocités, travaillait à se
soustraire au châtiment de sa cruauté en livrant son souverain. »

Un autre diplomate disait au même Piscina, le 6 août
1839 : « On parle beaucoup de graves dissentimens et de
sérieux démêlés qu'on suppose exister là. Ces bruits
finissent par faire tort à la cause du roi, qui a déjà assez
souffert. Il est triste de le dire: mais si Sa Majesté ne déploie
pas une grande énergie; si son caractère personnel, si
ferme à l'occasion, ne se montre pas de manière à éton-
ner et à intimider, tout est perdu, nous mourrons de
mort lente...... Les raisons, vous les savez mieux que
moi. Nous sommes sur le bord de l'abîme; tout fait pré-
voir une catastrophe horrible, prochaine peut-être, et
qui, assurément, sera déterminée par autre chose que
les succès militaires des christinos. Ce langage pourra
vous paraître bien libre; mais c'est celui de la vérité,
mon devoir me l'impose. »

Un fait bien extraordinaire, c'est que le même Piscina
disait, le 18 juillet 1839, que *Maroto était indigne de
commander l'armée*; qu'il sortait de son quartier-général

des propos qui *décourageaient le soldat et tuaient l'enthou-siasme*. Ainsi ce Maroto, qui le 28 février était aux yeux de Piscina un héros plein d'éminens services, modèle de fidélité, scrupuleux observateur des lois et des règlemens militaires; qui avait puni à Estella, avec la rigueur de la discipline, la révolte des généraux subalternes; ce même Maroto, le voilà devenu indigne de commander l'armée! Remarquez ici le défaut de mémoire de M. Piscina; il ne se souvient plus de son langage du 28 février, et le 18 juillet il dit que, *depuis que Maroto commande l'armée*, il se répand et s'accrédite des bruits perfides qui *décou-ragent le soldat et éteignent l'enthousiasme*.

Pour avoir la clef de ces contradictions, il faut savoir que parmi les deux partis il y avait deux plans également contraires au vœu du peuple, de l'armée et du Roi; tous les deux avaient la trahison pour point de départ et pour moyen nécessaire de réalisation. Les uns vou-laient la reconnaissance du gouvernement christino, avec la conservation des emplois; les autres, le mariage du fils de Charles V avec Isabelle, et l'exclusion du Roi au trône. (V. Urbistondo, page 23.) L'un de ces plans était appuyé par lord John Hay, l'autre par le prince de Co-rini, connu sous le nom d'Amora. Il n'est pas étonnant qu'il y eut mésintelligence, avec cette divergence d'opi-nions sur les moyens de terminer la guerre. Toutefois, du moment qu'il y avait à craindre que le Roi recouvrât sa liberté, ou que les royalistes revinssent à flot, tous les dissentimens cessaient, et les traîtres se donnaient la main pour s'opposer à la liberté du Roi.

Cependant les christinos pénétrant dans les provinces, les positions et les points les plus importans abandonnés, le soldat retenu quand il brûlait de se mesurer avec l'en-nemi, les nouvelles preuves acquises chaque jour au peuple et à l'armée de la captivité du Roi et de la trahison de tous ceux qui étaient au pouvoir, par suite des assassinats d'Estella et du décret du 24 février ; tout cela était autant de faits malheureusement trop évidens pour qu'on pût en douter encore. L'indignation en fut si grande qu'on n'attendait que le moment favorable pour frapper et anéantir l'œuvre de trahison. Le cinquième bataillon de Navarre, qui s'était toujours montré le plus opposé à Maroto et à ses partisans, fut le premier à crier : *Vive le Roi ! Mort à Maroto !* Le douzième bataillon de la même province suivit son exemple, les peuples du Bastan s'agitèrent, et, pleins d'enthousiasme, hommes, femmes, enfans, répétèrent : *Vive le Roi ! Mort à Maroto !* Les soldats des autres provinces commençaient à manifester les mêmes sentimens ; ceux des autres bataillons se réunissaient par centaines aux cinquième et douzième. Les traîtres et les geôliers du Roi, effrayés de ces manifestations, unirent leurs efforts pour conjurer l'orage. Il n'y a pas de moyens, de ruses, d'artifices, qu'ils n'aient mis en œuvre pour étouffer l'enthousiasme produit par le cri des cinquième et douzième bataillons. Les officiers et les soldats furent l'objet des plus noirs et des plus infâmes calomnies. Or, si la faction aimait le Roi et voulait le triomphe de sa cause, pourquoi ne s'est-elle pas réunie aux cinquième et douzième ? Et si ses *engagemens* ne le lui permettaient pas, qui l'empêchait d'entrer en France ? Ne le valait-il pas mieux que de se jeter entre les mains d'Espartero ? Hypocrites ! nous savions bien toutes vos ruses et vos intrigues. Disons la vérité. Le cri des cinquième et douzième bataillons fut le cri de la fidélité, celui qui signalait le seul moyen de salut restant à la cause. Si les traîtres n'avaient pas arrêté ce mouvement, tous les bataillons l'auraient suivi, les geôliers du Roi auraient pris

la fuite, et Charles V, libre, à la tête de ses volontaires,
aurait chassé Espartero des provinces et repris avec avantage ses anciennes positions. Voilà la vérité. Mais les traîtres, qui craignaient le juste courroux du Roi pour les in-
jures, les violences, les indignités dont ils s'étaient rendus
coupables envers son auguste personne, qui craignaient
surtout la réaction des royalistes, les traîtres, ne pouvant
réaliser leur projet de mariage, s'entendirent avec Espartero, et lui livrèrent, au prix de sommes énormes, le
peuple et l'armée. Remarquons qu'à cette époque Espartero passait pour être du *parti modéré.*

Les hommes qui vendirent la cause de Charles V, et qui
l'ont amené prisonnier en France, ont cherché à couvrir
leur crime et leur ignominie sous le bruit de leurs clameurs contre les cinquième et douzième bataillons. Mais
ils savent bien que ce n'était qu'une ruse pour distraire
l'opinion générale qui s'en prenait à eux et leur deman-
dait compte de leurs intrigues et de leur perfidie. Ils savent mieux que personne que ces bataillons furent guidés
par leur fidélité et qu'ils auraient pu sauver le Roi. Ils
savent très bien que la plupart des excès attribués à ces
bataillons sont faux, et que quelques uns furent commis
par les agens secrets qu'ils y avaient, et personne mieux
qu'eux ne sait aussi les millions distribués à quelques ser-
gens et à des soldats pour fomenter des troubles, des
émeutes, commettre des violences et assassiner les officiers. Ils n'ont pas oublié, ou, s'ils l'ont oublié, nous nous
en souvenons, nous, qu'ils choisirent parmi tous les dé-
serteurs qui étaient alors en France, et parmi les soldats
du onzième de Navarre, le plus dévoué à la faction, certains
individus pour commettre des désordres et des crimes qui
devaient être attribués aux cinquième et douzième ; nous
nous souvenons que la sanguinaire faction fit assassiner

le général Moreno par quelques soldats du *onzième*, ache-
tés avec son or. De tous ces faits, les traîtres en ont la
connaissance parfaite, et, il faut le répéter, leurs clameurs
contre les cinquième et douzième avaient pour but d'occu-
per l'opinion publique, et de détourner de leur tête le re-
proche que tout le monde leur fait d'être entrés en France
lorsqu'ils disposaient encore de vingt bataillons. Sérieusement, que peuvent-ils reprocher aux cinquième et douzième? Rien : car, s'ils voulaient attribuer leur entrée en
France aux mouvemens que firent ces bataillons, ils se-
raient démentis par leurs propres partisans. Elio dirait
que les cinquième et douzième lui offrirent de coopé-
rer à sauver la cause du Roi; Zaratieguy, lui aussi, s'é-
lèverait contre eux; car, dans la proclamation d'Etulain,
le 9 août 1839, adressée aux peuples du Bastan, il disait
que *sa présence n'était pas nécessaire pour contenir et châtier
les révolutionnaires;* de plus, ils savent bien que les cinquième et douzième ne furent pour rien dans les assassinats d'Estella, pour rien dans la captivité du Roi; qu'ils
n'ont jamais eu de rapports ni de liaisons avec Maroto;
qu'ils ne le demandèrent point, ne lui donnèrent ni aide,
ni appui; qu'ils n'ont rien à voir dans l'abandon de Guar-
damino et de Ramalès, où il y eut un contraste aussi re-
marquable que notoire, entre la lâcheté de la faction traître et le courage héroïque que déploya le cinquième; que
ce même bataillon et le douzième n'ont point à se reprocher l'abandon d'Ordugna, d'Arciniéga, de Balmaséda,
d'Urquiola, d'Aréta, etc., etc.; ils savent que ces bataillons
n'ont pris aucune part à toutes ces réunions de Zornoza,
Zugniga, Durango, Azpeitia, Tolosa et autres, pour y
vendre la cause de Charles V et celle de la religion; que
jamais ils n'eurent de relations, de correspondance avec
Espartero et les autres ennemis du Roi. Le 18 juillet, Pis-

cina disait que Maroto était indigne de commander l'armée ; les diplomates qui étaient à l'étranger, témoignaient de vives inquiétudes , ils signalaient une catastrophe comme imminente ; tout le pays criait à la trahison ! le soldat et le paysan tremblaient à la vue de l'abîme ouvert sous leurs pas : et l'on condamnerait les cinquième et douzième bataillons , parce que le 6 août , dans ces jours critiques, ils ont crié : *Vive le Roi ! Mort à Maroto !* Eh ! les Catalans seront-ils aussi des traîtres parce qu'ils ont fait échouer les machinations de Segarra ? Que les traîtres cessent de les accuser ; car tout le monde sait de quel côté étaient la perfidie et la trahison ; aujourd'hui , personne ne doute que les cinquième et douzième furent fidèles ; qu'ils agirent sous l'inspiration de la loyauté, de l'honneur, du patriotisme ; qu'ils rendirent un service signalé , et que s'ils ne sauvèrent pas le Roi, ils firent échouer un projet peut-être encore plus nuisible à l'Espagne que ce qui est arrivé ; personne non plus ne doute, à cette heure , que ce furent les coryphées du parti qui consommèrent la trahison à Elisondo et à Urdax. Ils s'étaient rendus maîtres de la personne du Roi le 24 février ; ils le lièrent si bien, qu'au milieu d'un peuple et d'une armée dont il était aimé, il n'a pu sortir des mains des geôliers et des tyrans qui le gardent et l'oppriment.

Ils l'ont amené en France , et l'on sait que dans la position où ils le tiennent , il est sans liberté , ils l'ont réduit à la plus triste et à la plus dure captivité.

Personne n'a oublié qu'aussitôt arrivé en France il tomba aux mains de la police, qui le traita d'une manière peu convenable ; empêcha dès lors , comme elle a toujours fait depuis, que ses fidèles et affectionnés serviteurs se réunissent autour de sa personne , et qui s'est opposée à toute espèce de communication qui pût favoriser les intérêts du parti légitimiste en Espagne.

A l'époque de l'entrée de Charles V en France, ce parti avait encore les armées de Catalogne, d'Aragon et de Valence; mais pour faire servir son auguste nom à les dissoudre et à les détruire, on le réduisit à la captivité la plus indigne et la plus cruelle. Oui, à la plus grande captivité, puisque ses moindres actes, ses pensées mêmes étaient soumis à l'inquisition de la police et des gendarmes; captivité d'autant plus amère qu'il était livré à l'infâme *clique* qui aida Maroto dans ses cruautés et dans ses crimes, qui fut l'auteur du fatal décret du 24 février qui lui ôta la liberté et le dépouilla du sceptre. Ce sont ces hommes perfides et ingrats qui ont travaillé à dissoudre les armées restées fidèles; ils ont eu recours aux plus coupables intrigues; ils ont abusé du nom du Roi pour perdre ceux qui le défendaient avec bravoure et fidélité. Plus tard, lorsqu'il n'y avait plus d'armées à détruire, ils se sont occupés à empêcher les vrais royalistes de travailler en faveur de la cause, ils les ont présentés flétris, ils ont été jusqu'à vouloir les corrompre; enfin ils ont mis le comble à leur infamie, en publiant, à la date du 16 mai 1841, une espèce d'ordre du jour en termes peu convenables où, au nom du Roi, *ils licenciaient toutes les troupes et les dégageaient de leurs sermens envers Charles V.* Ce n'est pas tout: ils firent paraître, encore au nom du prince, une lettre pour détourner les royalistes fidèles d'embrasser le parti christino; depuis ils s'en sont défendus en faisant entendre qu'ils désiraient l'union des deux partis. Avec tout cela, quels soins, quels efforts pour vilipender et perdre Charles V, en exaltant tous ceux qui avaient juré sa ruine et embrassé chaudement le projet de mariage qui l'excluait du trône. La faction s'est plue, avec une impudence révoltante, à combler de faveurs, de décorations et d'emplois des hommes indignes et corrompus;

elle s'est servie du nom du Roi pour accorder des grades et distribuer des croix sans poids ni mesure, mais seulement parmi les intrigans du parti et les hommes que leur immoralité, leur impiété, la part qu'ils avaient prise à la ruine de la cause de Charles V, rendaient dignes de rigoureux châtimens ; et comme si tout cela n'était pas encore assez, ils ont eu l'audace d'appeler Monténégro pour le charger de l'instruction militaire du prince des Asturies. Misérables ! Quel est donc votre but ? de gagner et de mettre à votre discrétion l'héritier présomptif de la couronne d'Espagne ? d'en dépouiller son auguste père pour la mettre au front de son fils ? Oh ! ce sont bien d'autres vues ! vous n'avez pas oublié les projets arrêtés avec Maroto. Mais, quoi qu'il en soit, où est votre honneur ? où est votre conscience ? S'il vous était resté quelque pudeur, est-ce un Monténégro que vous eussiez placé auprès du jeune prince, et à qui vous eussiez confié la haute et sainte mission de diriger sa conduite ? un Monténégro dont l'affreuse immoralité est devenue proverbiale ? un Monténégro qui passe pour appartenir aux sociétés secrètes proscrites dans tous les Etats, et surtout en Espagne ! un Monténégro, nommé au ministère de la guerre par les soins de Maroto, après les assassinats d'Estella et la révolte que cet homme avait excitée parmi les bataillons ! un Monténégro, ou qui fut le complice de toutes les trames de Maroto, ou qui est le militaire le plus incapable et le plus nul du monde ! un Monténégro qui, quelques jours avant l'infamie de Bergara, écrivait à Maroto qu'il avait la satisfaction de lui dire que le conseil d'état et les ministres avaient cru convenable et juste de publier le procès des généraux fusillés à Estella, afin que tout le monde fût bien convaincu de la légalité de cette mesure ! un Monténégro qui devait connaître les règlemens et les lois militaires, et qui parle ainsi, qui approuve l'enquête monstrueuse que Maroto avait fait faire après la mort des généraux ! un Monténégro enfin, qui eut l'insolence de brûler la signature apposée par le Roi au décret qui déclarait traître Maroto, d'en mettre les cendres dans un papier et de les jeter aux vents : voilà l'homme choisi pour être le gouverneur du prince des Asturies ! Quelle horreur ! Daigne le ciel dans sa miséricorde délivrer l'Espagne de cette détestable faction , qui ne cherche qu'à prolonger les maux de son pays !

Quel bien attendre de tous ces hommes ? Les auteurs de pareilles manœuvres osent-ils en espérer quelques bons résultats ? Voudraient-ils par hasard que les Espagnols approuvassent ces bassesses et ces indignités ? Oh ! ils ne réussiront pas ! On parle de la hauteur et de la fierté du caractère espagnol ; mais il n'est pas besoin de beaucoup de hauteur et de fierté pour être révolté de pareilles prétentions et pour rejeter avec indignation un joug aussi infâme. On a cru peut-être que la misérable coterie qui tient Charles V captif, pouvait quelque chose. Hélas ! trop de faits prouvent qu'impuissante pour le bien , elle ne fait qu'intriguer, mentir, calomnier, vendre son Roi, et assassiner traîtreusement ses innocens et fidèles serviteurs ! Si l'on a pensé que les hommes de cette faction trouvaient quelque sympathie parmi les royalistes espagnols, on s'est beaucoup et grossièrement trompé. Ceux qui sont restés en Espagne comme ceux qui en sont éloignés , connaissent bien les geôliers de leur Roi et méprisent leurs paroles et leurs actes , parce que les uns et les autres ont pour but les intérêts de la cause des traîtres aux dépens de celle du Roi. Quel avantage voient-ils donc à le tenir captif ? Que veulent-ils ? Ne savent-ils pas que les lois de l'Espagne réprouvent et annulent tout ce qu'a fait et ce que fait encore la faction perfide qui abuse d'une manière si révoltante et si coupable du nom et de l'autorité de Charles V ? Qu'ils sachent bien que les Espagnols connaissent et se rappellent ce que, dans de pareilles circonstances, prescrit leur sage législation ; et si les geôliers du Roi, de quelque rang qu'ils soient, l'ignorent ou l'ont oublié, qu'ils lisent, nous les y engageons, qu'ils lisent en entier la loi 24, *partida segunda*, titre 12, qui parle de la garde du Roi, et qu'ils remarquent que la loi veut que les sujets éloignent de sa personne ceux qui se conduisent mal ou qui le portent à faire quoi que ce soit contre ses intérêts ou ceux du bien public ; que cette même loi veut, sous peine d'être regardé comme traître, qu'on avertisse le prince, qu'on lui signale les méchans avec le moyen de s'en débarrasser, comment enfin elle veut qu'on les arrête et s'en saisisse.

Et s'il est vrai que présentement l'exécution de cette loi n'est pas possible, les Espagnols, qui en connaissent l'esprit et l'importance, attendent le moment et l'occasion favorables pour remplir leur devoir. En attendant, ils écrivent et protestent contre les hommes indignes qui tiennent leur Roi captif. Qu'ils n'oublient pas, les misérables, que les mêmes lois indiquent le châtiment que mérite leur crime ; et pour qu'ils aient honte du trafic dégoûtant qu'ils font des faveurs accordées au nom du Roi, qu'ils lisent la loi de Ferdinand et d'Isabelle, publiée à Tolède en 1480, et ils y trouveront la condamnation de leur conduite ; ils verront que la plus grande partie de la sage loi publiée sous ce glorieux règne, semble avoir été faite tout exprès pour eux. Qu'ils lisent, qu'ils rougissent et qu'ils cessent de se dire Espagnols, ou qu'ils renoncent à leur honteux et détestable trafic. Enfin, que les geôliers de Charles V sachent que l'abus sacrilége qu'ils ont fait et qu'ils font encore du nom et de l'autorité de l'auguste captif pour le présenter aux yeux de l'Espagne et du monde entier, comme l'âme et le chef d'une colerie, et comme l'adversaire et l'ennemi de tous ceux qui n'ont pas son drapeau, est une faute horrible et un crime de lèse-majesté, parce qu'il dégrade et avilit la dignité royale. Que les geôliers de Charles V le comprennent bien, et qu'ils sachent *que les fidèles Espagnols sont sur leurs gardes pour tous les événemens.*

Ne serait-il pas juste que cessât enfin cette persécution qu'a subie et que subit encore le peuple espagnol ; que cessassent ces coups impitoyables portés à ses coutumes, à ses lois, à sa religion, et jusqu'à son caractère ? Ne serait-il pas juste que les gouvernemens qui commirent la faute énorme de prêter leur secours, leur influence et leurs armes à quelques enfans dénaturés, pour désoler leur patrie et y introduire le génie du mal ; ne serait-il pas juste que ces gouvernemens, reconnaissant leur erreur, et voyant qu'ils ont donné leur appui à des hommes coupables qui conspirent contre le repos et la tranquillité de tous les États et brisent les liens sociaux, contribuassent maintenant à renverser l'édifice qu'ils ont élevé, et à rétablir sur ses anciennes bases celui qu'il ont détruit ? Oui, il serait juste et bien juste que les nations de l'Europe aidassent l'Espagne à secouer le joug dur et pesant des révolutions. Le peuple vertueux et brave qui sauva l'Europe des chaînes de Napoléon, aujourd'hui opprimé, a droit de compter sur elles. C'est maintenant, ou jamais, l'heure favorable de délivrer l'Espagne du joug qui pèse sur elle ! Espartero ne peut se soutenir, il tombera de lui-même. Son existence est celle du moment. C'est le fléau dont se sert la justice d'en haut pour punir les crimes des royalistes modérés et des christinos, parce que l'état présent est leur ouvrage et qu'ils ont perdu leur patrie.

Ce sont les défections de ces royalistes et les menées et les intrigues des christinos modérés qui ont élevé Espartero, homme sans vertus, sans qualités, sans aucun vrai talent; et il semble que la Providence divine a voulu faire de cet homme l'instrument dont elle se sert pour châtier les artisans de sa fortune.

Mais son temps passe; tout annonce qu'il sera bientôt fini. Visiblement il s'en va; l'armée est détruite, le peuple le méprise et le déteste, le parti qui porte son nom est insignifiant et nul. Dans une nouvelle tourmente, qui ne peut tarder, parce qu'elle se prépare avec la plus grande activité, Espartero disparaîtra de la scène. L'Europe doit se tenir prête pour cet événement qui ne peut se faire long-temps attendre.

Qu'alors les gouvernemens se servent de leur puissance pour réunir les élémens d'ordre qui heureusement se sont conservés parmi le peuple espagnol; qu'ils lui donnent son Roi légitime; qu'ils laissent au pays ses lois, ses coutumes et sa religion, ils conjureront l'orage et donneront ainsi à l'Espagne les jours de paix et de bonheur dont elle a tant besoin.

Antonio de CASARES.

Paris, 20 novembre 1841.

———

Prix de cette brochure : 1 fr. 25 cent.

Elle se vend chez DENTU, Palais-Royal, galerie d'Orléans,

Ainsi que tous les ouvrages du même auteur.

Ils se trouvent également rue Saint-Honoré, 188, au premier.

———

IMPRIMERIE D'ÉD. PROUX ET Cⁱᵉ, RUE NEUVE-DES-BONS-ENFANS, Nº 3.

www.ingramcontent.com/pod-product-compliance
Lightning Source LLC
LaVergne TN
LVHW020442060726
842525LV00005B/1499